AVENTURES

DE LA

MATRONE BOURSICO.

AVENTURES

DE LA

MATRONE BOURSICO,

MARCHANDE DE RIZ ET AUTRES DENRÉES

A PERSÉPOLIS,

ET DE COSTOCOCO,

Chevalier d'industrie en ladite ville.

PAR L'AUTEUR DE LA COMPLAINTE DE FUALDÈS.

PARIS;
IMPRIMERIE DE J. G. DENTU,
rue des Petits-Augustins, n° 5.
1823.

AVENTURES

DE LA

MATRONE BOURSICO.

AIR : *A la façon de Barbari.*

De la matrone Boursico
   La sinistre aventure
Est digne d'aller par écho
   A la race future,
Jointe avec celle d'un luron,
   La faridondaine,
   La faridondon,
Lequel était son tendre ami,
   Biribi,
A la façon de Bergami,
   Mon ami.

Ce tendre ami, Costococo,
  Il faut bien qu'on le nomme,
Est-il natif de Monaco,
  De Carthage ou de Rome?
Le fait est que c'est un garçon,
  La faridondaine,
  La faridondon,
Orné d'un double favori,
  Biribi,
A la façon de Bergami,
  Mon ami.

Pour qui veut l'en croire il est Grec;
  Mais d'humeur vagabonde,
Mangeant beaucoup et buvant sec,
  Il parcourt tout le monde,
Toujours sûr d'un revenant bon,
  La faridondaine,
  La faridondon;
Il consomme aux dépens d'autrui,
  Biribi,
A la façon de Bergami,
  Mon ami.

Il débarque à Persépolis;
   Légers sont ses bagages :
Son nez, ses larges favoris,
   Captent tous les suffrages.
Depuis Chloé jusqu'à Marton,
   La faridondaine,
   La faridondon,
Chacune soupire pour lui,
   Biribi,
A la façon de Bergami,
   Mon ami.

Chez la matrone Boursico
   Bientôt on le présente;
Et qui conduit Costococo?...
   De la dame la tante,
Qu'on peut bien appeler d'un nom,
   La faridondaine,
   La faridondon,
Délicat, honnête et poli,
   Biribi,
A la façon de Bergami,
   Mon ami.

La dame du sorcier maudit
   Se trouve amourachée :
C'est Vénus, comme Phèdre dit,
   A sa proie attachée ;
C'est un Hercule ! un Apollon !
     La faridondaine,
     La faridondon,
En lui l'Olympe est réuni,
    Biribi,
A la façon de Bergami,
    Mon ami.

A cet amour, tyran des cœurs,
   Il faut des sacrifices ;
Mais que sont l'or et les liqueurs,
   Le poivre et les épices ;
Oh ! délirante passion !
     La faridondaine,
     La faridondon,
C'est pour toi qu'on traite un mari,
    Biribi,
A la façon de Barbari,
    Mon ami.

Ce pauvre papa Boursico,
   Epoux très-débonnaire,
Raffolle de Costococo,
   Et le nomme compère;
Car sa nièce a fait un poupon,
   La faridondaine,
   La faridondon.
Tous les cœurs sont pour cet ami,
   Biribi,
A la façon de Bergami,
   Mon ami.

La vieille tante l'abordant
   Lui dit un jour : Bel homme,
Vous avez grand besoin d'argent,
   Et nous savons la somme;
Ces deux cents francs sont en pur don,
   La faridondaine,
   La faridondon.
— Madame, ils vous seront remis,
   Biribi,
A la façon de Bergami,
   Mon ami.

Reinetta, dès ses jeunes ans,
 Au fait de la pratique,
Est, pour contenter les chalans,
 Dans sa double boutique;
Cette blondine a l'œil fripon,
 La faridondaine,
 La faridondon,
Et n'est pas modeste à demi,
 Biribi,
A la façon de Bergami,
 Mon ami.

De la sensible Boursico,
 Confidente fidèle,
A l'unir à Costococo
 Elle met tout son zèle;
Boursico passe le savon,
 La faridondaine,
 La faridondon,
Et l'autre lui passe le riz,
 Biribi,
A la façon de Barbari,
 Mon ami.

II.

L'époux doit faire incessamment
 Un voyage au Pyrée.
Ah! dit l'amante à son amant,
 Epoque désirée!
Quand il sera loin, le dindon,
  La faridondaine,
  La faridondon,
Tu seras ici jour et nuit,
  Biribi,
A la façon de Bergami,
  Mon ami.

De l'humaine instabilité
 Exemple trop vulgaire!
Ce voyage tant médité,
 Las! ne doit plus se faire;
Est-ce quelque fatal soupçon,
  La faridondaine,
  La faridondon,
Qui tourmente un cœur aguerri,
  Biribi,
A la façon de Bergami,
  Mon ami?

La dame à Versaillopolis
　Doit faire une partie;
Des deux époux par les amis
　La gondole est remplie;
Costococo, le croira-t-on?
　　La faridondaine,
　　La faridondon,
Par hasard s'y rencontre aussi,
　　Biribi,
A la façon de Bergami,
　　Mon ami.

Dans l'abandon du sentiment
　Pendant cette journée,
La dame est par son cher amant
　A l'écart promenée.
Chacun se dit: Qu'en dira-t-on?
　　La faridondaine,
　　La faridondon;
Le drôle se promène ici,
　　Biribi,
A la façon de Bergami,
　　Mon ami.

Mais de l'hymen de jour en jour
    Plus dure est la contrainte;
Qu'est-ce, hélas! qu'un si tendre amour
    Qu'empoisonne la crainte?
Oh! désespérante union!
    La faridondaine,
    La faridondon;
Ne puis-je te rompre aujourd'hui,
    Biribi,
A la façon de Barbari,
    Mon ami?

Un jour cet époux folichon
    A sa femme endormie
Dessine, armé d'un gros bouchon,
    Moustache bien fournie;
Pendant cette opération,
    La faridondaine,
    La faridondon,
Sans doute elle songeait à lui,
    Biribi,
A la façon de Bergami,
    Mon ami.

Au réveil trouvant un miroir,
  Sa surprise est complète,
Et tout en fureur de se voir
  Un guerrier en cornette,
Voilà, dit-elle, mon oison !
  La faridondaine,
  La faridondon;
Mais Boursico sera puni,
  Biribi,
A la façon de Barbari,
  Mon ami.

Elle descend d'un air boudeur,
  Quoique sans ses moustaches;
Ce bon époux lui dit : Mon cœur,
  Pour un rien tu te fâches;
Qu'un doux baiser soit mon pardon,
  La faridondaine,
  La faridondon.
— Oui, je te le pardonne aussi,
  Biribi,
A la façon de Barbari,
  Mon ami.

Que fais-tu donc à chiffonner
　　Au bas du secrétaire?
Tu fais languir ton déjeuner,
　　Ainsi qu'à l'ordinaire;
Cher Boursico, déjeune donc,
　　La faridondaine,
　　La faridondon,
Car ton riz vient d'être servi,
　　Biribi,
A la façon de Barbari,
　　Mon ami.

Boursico, dès qu'il l'a goûté,
　　Dit : Ce n'est pas mangeable ;
Chère pouponne, en vérité,
　　Ce riz est détestable ;
C'est une horreur! c'est un poison!
　　La faridondaine,
　　La faridondon ;
On dirait que ce riz est cuit,
　　Biribi,
A la façon de Barbari,
　　Mon ami.

La bonne survient et le dit
   Meilleur qu'à l'ordinaire;
Elle en a fait prendre au petit
   Une assiettée entière.
— Puisqu'il est bon, mangeons-le donc,
   La faridondaine,
   La faridondon;
Mais je tiens à ce que j'ai dit,
   Biribi,
De la façon de Barbari,
   Mon ami.

Bientôt hocquets, vomissemens
   Terminent sa carrière;
La dame aux tendres sentimens
   Dit : Je n'y puis rien faire;
Puisqu'il a passé l'Achéron,
   La faridondaine,
   La faridondon,
Qu'on l'enterre dès aujourd'hui,
   Biribi,
A la façon de Barbari,
   Mon ami.

Voilà le pauvre Boursico
    Chez le Père Lachaise * ;
Dès-lors maître Costococo
    En prend tout à son aise ;
A tous momens dans la maison,
      La faridondaine,
      La faridondon,
Il se conduit en vrai mari,
      Biribi,
A la façon de Bergami,
      Mon ami.

Pendant un mois ce couple aimant
    Ne voit pas un jour sombre ;
Mais, comme on dit élégamment :
    Le bonheur n'est qu'une ombre.
Le Cadi prenant un soupçon,
      La faridondaine,
      La faridondon ;
Veut que le fait soit éclairci,
      Biribi,
A la façon de Barbari,
      Mon ami.

* Il y a aussi un Père Lachaise à Persépolis.

Las! de Boursico déterré
Il faut troubler la cendre,
Et contraindre, bon gré mal gré,
Les docteurs à s'entendre.
Chacun convient que le poison,
La faridondaine,
La faridondon,
A tranché les jours du mari,
Biribi,
A la façon de Barbari,
Mon ami.

Lors de la veuve Boursico
La tardive prudence
Impose à son Costococo
Une subite absence;
Mais pourquoi fermer le bondon,
La faridondaine,
La faridondon,
Lorsque partout la tonne a fui,
Biribi,
A la façon de Bergami,
Mon ami.

Au Cadi tous deux amenés,
 Ont chacun leur prestance;
La veuve offre aux yeux étonnés
 Le deuil et la décence;
Lui, paraît un fat au balcon,
 La faridondaine,
 La faridondon,
Toisant un public ébahi,
 Biribi,
A la façon de Bergami,
 Mon ami.

Dans un dédale d'argumens
 On conduit la matrone;
Elle est maîtresse de ses sens,
 Et n'accuse personne;
C'est donc quelque maudit chaton,
 La faridondaine,
 La faridondon,
Par qui Boursico fut occi,
 Biribi,
A la façon de Barbari,
 Mon ami.

Costococo des chauds climats
 Conservant la rudesse,
Fait d'une femme autant de cas
 Qu'on en fait d'une ânesse ;
Mais pour les conduire au bâton,
 La faridondaine,
 La faridondon,
Il faut qu'il ait un charme en lui,
 Biribi,
A la façon de Bergami,
 Mon ami.

Plus il dévoile le secret
 D'une si tendre flamme,
Et plus vous voyez l'intérêt
 S'étendre sur la dame ;
Le conseil était ma foi bon,
 La faridondaine,
 La faridondon,
Que lui fait qu'on le juge ici,
 Biribi,
A la façon de Bergami,
 Mon ami ?

Pour elle ce faux air honteux
 N'est qu'un air dérisoire;
Vraiment ils s'entendent tous deux
 Comme larrons en foire;
Conserver sa tête est si bon,
  La faridondaine,
  La faridondon,
Qu'on peut vivre après, Dieu merci,
  Biribi,
A la façon de Bergami,
  Mon ami.

Reinetta pour les visions
 N'est pas fille novice;
Mais comme les illusions
 N'ont pas cours en justice,
Elle en fait un simple dicton,
  La faridondaine,
  La faridondon,
Qu'elle offre au public aujourd'hui,
  Biribi,
A la façon de Barbari,
  Mon ami.

Le matin du funeste jour,
　En faisant sa pratique,
Elle aperçoit le dieu d'amour
　Tapi dans sa boutique,
Et lui trouve un air furibond,
　La faridondaine,
　La faridondon,
Qui lui cause quelque souci,
　Biribi,
A la façon de Barbari,
　Mon ami.

En effet le drôle a recours
　A la sorcellerie;
Il prend, après plusieurs détours,
　L'aspect d'une furie,
Et sous la forme d'Alecton,
　La faridondaine,
　La faridondon,
De sa main il sale le riz,
　Biribi,
A la façon de Barbari,
　Mon ami.

Tout Persépolis doit-il voir
　　Boursico délivrée,
Et triomphante en son comptoir,
　　Débiter sa denrée?
Soit; mais l'empire du soupçon,
　　La faridondaine,
　　La faridondon,
On ne le détruit pas ainsi,
　　Biribi,
A la façon de Barbari,
　　Mon ami.

Pour moi j'irai, comme au passé,
　　Toujours prendre chez elle
Pruneaux et poivre concassé,
　　Sucre, papier, ficelle,
Huile, anchois, fromage et savon,
　　La faridondaine,
　　La faridondon,
Mais je n'irai pas jusqu'au riz,
　　Biribi,
De la façon de Barbari,
　　Mon ami.

Discours du Cadi à la matrone Boursico.

D'un soupçon qui seul fait horreur,
    Vous êtes acquittée ;
Ah ! puissiez-vous au fond du cœur
    N'être pas tourmentée ;
Mais rendez grâce au Cadichon,
    La faridondaine,
    La faridondon,
Car moi je vous acquitte ici,
    Biribi,
A la façon de Barbari,
    Mon ami.

www.ingramcontent.com/pod-product-compliance
Lightning Source LLC
Chambersburg PA
CBHW060622050426
42451CB00012B/2379